Verdi
ANDREA BOCELLI

Verdi è conosciuto e amato in tutto il mondo.
Le sue arie valicano i confini nazionali e sono grandissime.
Hanno una forza intrinseca e contengono delle idee intramontabili.
In un mondo di confusione, di grandi rumori e di smarrimento
etico, secondo me la musica classica può essere una delle grandi,
sane, pure medicine e può aiutarci molto a sperare in un futuro
migliore per noi stessi e per i nostri figli.

ANDREA BOCELLI

Foto in copertina di Andrea Bocelli: Sasha Gusov
Design: P.Linard Marketing and Advertising Ltd

Foto interne di: Sasha Gusov

Insieme S.r.l.
Galleria del Corso, 4 - 20121 Milano
Tel. 02-770701
E-mail: insieme@sugarmusic.com
www.insieme.com
www.bocelliweb.com

Abiti di Giorgio Armani

Disco Sugar distribuzione Universal
CD 468 046-2
MC 468 046-4

©2000 Insieme Srl
℗2000 Insieme Srl

Produttore esecutivo: Clive Bennett
Produttore: Anna Barry
Produttore del repertorio artistico: Hermine Sterringa
Tecnico del suono: Neil Hutchinson
Registrazione ed editing: Classic Sound Ltd

Registrato presso: Mann Auditorium, Tel Aviv, Dicembre 1999 & Gennaio 2000

Il trovatore

DI QUELLA PIRA
(Il trovatore, Atto III -
Cammarano, Bardare)

MANRICO
Di quella pira l'orrendo foco
tutte le fibre m'arse, avvampò!
Empi, spegnetela, o ch'io fra poco
col sangue vostro la spegnerò!
(a Leonora)
Era già figlio prima d'amarti,
non può frenarmi il tuo martir…
Madre infelice, corro a salvarti,
o teco almeno corro a morir!

LEONORA
Non reggo a colpi tanto funesti…
Oh quanto meglio sarìa morir…

MANRICO
Di quella pira l'orrendo foco, *ecc.*

ARMIGERI
All'armi, all'armi!

MANRICO
Madre infelice, corro a salvarti,
o teco almen corro a morir!

ARMIGERI
Eccone presti a pugnar teco,
o teco a morir!
All'armi! all'armi!

MANRICO ED ARMIGERI
All'armi! all'armi

Aida

SE QUEL GUERRIER IO FOSSI!
…CELESTE AIDA
(Aida, Atto I -
Ghislanzoni)

RADAMÈS
Se quel guerrier
io fossi! Se il mio sogno
si avverasse!…Un esercito di prodi
da me guidato…e la vittoria…e il plauso
di Menfi tutta! E a te, mia dolce Aida,
tornar di lauri cinto…
dirti: per te ho pugnato, per te ho vinto!

Celeste Aida, forma divina,
mistico serto di luce e fior,
del mio pensiero tu sei regina,
tu di mia vita sei lo splendor.
Il tuo bel cielo vorrei ridarti,
le dolci brezze del patrio suol;
un regal serto sul crin posarti,
ergerti un trono vicino al sol.
Ah! Celeste Aida, forma divina,
mistico raggio di luce e fior, *ecc.*

AH SÌ, BEN MIO
(Il trovatore, Atto III -
Cammarano, Bardare)

MANRICO
Ah sì, ben mio; coll'essere io tuo,
tu mia consorte,
avrò più l'alma intrepida,
il braccio avrò più forte.
Ma pur, se nella pagina
de' miei destini è scritto
ch'io resti fra le vittime,
dal ferro ostil trafitto,
fra quegli estremi aneliti
a te il pensier verrà,
e solo in ciel precederti
la morte a me parrà!

Un ballo in maschera

DI' TU SE FEDELE
(Un ballo in maschera, Atto I -
Somma)

RICCARDO
Di' tu se fedele
il flutto m'aspetta
se molle di pianto
la donna diletta
dicendomi addio
tradì l'amor mio.
Con lacere vele
e l'alma in tempesta,
i solchi so franger
dell'onda funesta,
l'averno ed il cielo
irati sfidar.
Sollecita esplora,
divina gli eventi:
non possono i fulmin,
la rabbia de' venti,
la morte, l'amore
sviarmi dal mar.

CORO
Non posson i fulmin,
la rabbia de' venti,
la morte, l'amor
sviarlo dal mar.

RICCARDO
Sull'agile prora
che m'agita in grembo,
se scosso mi sveglio
ai fischi del nembo,
ripeto fra' tuoni
le dolci canzoni.
Le dolci canzoni
del tetto natio,
che i baci ricordan
dell'ultimo addio,
e tutte riaccendon
le forze del cor.
Su, dunque, risuoni
la tua profezia,
di' ciò che può sorger
dal fato qual sia,
nell'anime nostre
non entra terror.

CORO
Nell'anime nostre
non entra terror.

MA SE M'È FORZA PERDERTI
(Un ballo in maschera, Atto III -
Somma)

RICCARDO
Ma se m'è forza perderti
per sempre, o luce mia,
a te verrà il mio palpito
sotto qual ciel tu sia,
chiusa la tua memoria
nell'intimo del cor.
Ed or qual reo presagio
lo spirito m'assale,
che il rivederti annunzia
quasi un desio fatale…
come se fosse l'ultima
ora del nostro amor?

Verdi · ANDREA BOCELLI

ELLA MI FU RAPITA!
(Rigoletto, Atto II -
Piave)

DUCA
Ella mi fu rapita!
E quando, o ciel… Ne' brevi
istanti prima che il mio presagio interno
sull'orma corsa ancora mi spingesse!
Schiuso era l'uscio! E la magion deserta!
E dove ora sarà quell'angiol caro?
Colei che prima poté in questo core
destar la fiamma di costanti affetti?
Colei sì pura, al cui modesto sguardo
quasi spinto a virtù talor me credo!
Ella mi fu rapita!
E chi l'ardiva?…
Ma ne avrò vendetta…
Lo chiede il pianto della mia diletta.
Parmi veder le lagrime
scorrenti da quel ciglio,
quando fra il dubbio e l'ansia
del subito periglio,
dell'amor nostro memore
il suo Gualtier chiamò.
Ned ei potea soccorrerti,
cara fanciulla amata;
ei che vorria coll'anima
farti quaggiù beata;
ei che le sfere agli angeli
per te non invidiò.

LA DONNA È MOBILE
(Rigoletto, Atto III -
Piave)

DUCA
La donna è mobile
qual piuma al vento,
muta d'accento
e di pensiero.
Sempre un amabile
leggiadro viso,
in pianto o in riso,
è menzognero.
È sempre misero
chi a lei s'affida,
chi le confida
mal cauto il core!
Pur mai non sentesi
felice appieno
chi su quel seno,
non liba amore!

POSSENTE AMOR MI CHIAMA
(Rigoletto, Atto II -
Piave)

DUCA
Possente amor mi chiama,
volar io deggio a lei;
il serto mio darei
per consolar quel cor.
Ah! Sappia alfin chi l'ama,
conosca alfin chi sono,
apprenda ch'anco in trono
ha degli schiavi Amor.

CORTIGIANI
Oh! Qual pensier or l'agita?
Come cangiò d'umor!

IO L'HO PERDUTA…
IO LA VIDI E IL SUO SORRISO
(Don Carlo, Atto I -
Méry, Du Locle)

DON CARLO
Io l'ho perduta! Oh potenza suprema!
Un altro… ed è mio padre…
un altro… e questi è il re,
lei che adoro m'ha rapita!
La sposa a me promessa!
Ah! Quanto puro e bello fu il dì,
il dì senza diman, in cui, ebri di speme,
c'era dato vagar nell'ombra, soli insieme,
nel dolce suol di Francia,
nella foresta di Fontainebleau!

Io la vidi e il suo sorriso
nuovo un ciel apriva a me!
Ah! Per sempre or m'ha diviso
da quel core un padre, un re!
Non promette un dì, felice
di mia vita il triste albor…
m'hai rubato, incantatrice,
e cor e speme e sogni e amor!
Ahimè! Io l'ho perduta! Io l'ho perduta!

ANDREA BOCELLI

Verdi

LUNGE DA LEI…DE' MIEI BOLLENTI SPIRITI
(La traviata, Atto II -
Piave)

ALFREDO
Lunge da lei per me non v'ha diletto!
Volaron già tre lune
dacché la mia Violetta
agi per me lasciò, dovizie, amori
e le pompose feste,
ov'agli omaggi avvezza,
vedea schiavo ciascun di sua bellezza.
Ed or contenta in questi ameni luoghi
tutto scorda per me.
Qui presso a lei io rinascer mi sento,
e dal soffio d'amor rigenerato
scordo ne' gaudi suoi tutto il passato.
De' miei bollenti spiriti
il giovanile ardore
ella temprò col placido
sorriso dell'amor!
Dal dì che disse: vivere
io voglio a te fedel,
dell'universo immemore
io vivo quasi in ciel.

OH MIO RIMORSO!
(La traviata, Atto II -
Piave)

ALFREDO
Oh mio rimorso! Oh infamia!
Io vissi in tale errore!
Ma il turpe sogno a frangere
il ver mi balenò!
Per poco in seno acquetati,
o grido dell'onore;
m'avrai sicuro vindice;
quest'onta laverò.
Oh mio rossor! Oh infamia!
Ah, sì, quest'onta laverò.

MERCÉ, DILETTI AMICI… COME RUGIADA AL CESPITE… DELL'ESILIO NEL DOLORE
(Ernani, Atto I - Piave)

ERNANI
Mercé, diletti amici,
a tanto amor, mercé.
Udite or tutti del mio cor gli affanni;
e se voi negherete il vostro aiuto,
forse per sempre Ernani fia perduto.

Come rugiada al cespite
d'un appassito fiore,
d'aragonese vergine
scendeami voce al core;
fu quello il primo palpito
d'amor che mi beò.
Il vecchio Silva stendere
osa su lei la mano
domani trarla al talamo
confida l'inumano.
Ah, s'ella m'è tolta, ahi, misero!
D'affanno morirò!

Si rapisca…

CORO DI RIBELLI E BANDITI
Sia rapita,
ma in seguirci sarà ardita?

ERNANI
Me 'l giurò.

CORO
Dunque verremo,
al castel ti seguiremo.
Quando notte il ciel copra
tu ne avrai compagni all'opra,
dagli sgherri d'un rivale
ti fia scudo ogni pugnale.
Vieni, Ernani, la tua bella
de' banditi fia la stella.
Saran premio al tuo valore
le dolcezze dell'amor.

ERNANI
Dell'esilio nel dolore
angiol fia consolar.
Oh tu che l'alma adora,
vien, la mia vita infiora;
per noi d'ogni altro bene
il loco amor terrà.
Purché sul tuo bel viso
vegga brillar il riso,
gli stenti suoi, le pene
Ernani scorderà.

CORO
Vieni, Ernani, la tua bella
de' banditi fia la stella, *ecc.*

ERNANI
Oh tu che l'alma adora, *ecc.*

LA VITA È INFERNO ALL'INFELICE
(La forza del destino, Atto III - Piave)

DON ALVARO
La vita è inferno all'infelice… Invano
morte desio!… Siviglia!… Leonora!
Oh rimembranza! Oh notte
ch'ogni ben mi rapisti!
Sarò infelice eternamente… è scritto.
Della natal sua terra il padre volle
spezzar l'estranio giogo, e coll'unirsi
all'ultima degl'Incas la corona
cingere confidò. Fu vana impresa!
In un carcere nacqui; m'educava
il deserto; sol vivo perché ignota
è mia regale stirpe!… I miei parenti
sognarono un trono, e li destò la scure!…
Oh, quando fine avran le mie sventure!
O tu che in seno agli angeli
eternamente pura
salisti bella, incolume
dalla mortal iattura,
non iscordar di volger
lo sguardo a me tapino,
che senza nome ed esule
in odio del destino,
chiedo anelando, ahi misero,
la morte d'incontrar…
Leonora mia, soccorrimi,
pietà, del mio penar.

OH! FEDE NEGAR POTESSI… QUANDO LE SERE AL PLACIDO
(Luisa Miller, Atto II - Cammarano)

RODOLFO
Oh! Fede negar potessi agl'occhi miei!
Se cielo e terra, se mortali ed angeli
attestarmi volesser ch'ella non è rea,
mentite! Io risponder dovrei, tutti mentite.
Son cifre sue!
Tanta perfidia! Un'alma sì nera! Sì mendace!
Ben la conobbe il padre!
Ma dunque i giuri, le speranze, la gioia,
le lagrime, l'affanno?
Tutto è menzogna, tradimento, inganno!

Quando le sere al placido
chiaror d'un ciel stellato
meco figgea nell'etere
lo sguardo innamorato,
e questa mano stringermi
dalla sua man sentia…
Ah! Ah! Ah! Mi tradia!
Allor, ch'io muto, estatico
da' labbri suoi pendea,
ed ella in suono angelico,
"amo te sol" dicea,
tal che sembrò l'empireo
aprirsi all'alma mia!
Ah! Ah! Ah! Mi tradia!

LA MIA LETIZIA INFONDERE VORREI
(I lombardi alla prima crociata, Atto II - Solera)

ORONTE
La mia letizia infondere
vorrei nel suo bel core!
Vorrei destar co' palpiti
del mio beato amore
tante armonie nell'etere
quanti pianeti egli ha.
Ah! Ir seco al cielo, ed ergermi
dove mortal non va!

ANDREA BOCELLI

Di quella pira

(Manrico)

da Giuseppe Verdi *"Il Trovatore"*, (Cammarano, Bardare) Atto III

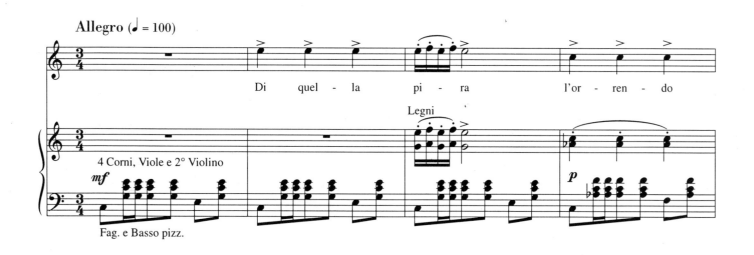

Di quel - la pi - ra l'or - ren - do

fo - co tut - te le fi - bre m'ar - se av - vam -

pò! Em - pî, spe - gne - te - la, o ch'io fra

4

6

ria mo - rir!

Di quel - la pi - ra l'or - ren - do

fo - co tut - te le fi - bre m'ar - se, av - vam -

pò!... Em - pî, spe - gne - te - la, o ch'io fra

AH SÌ, BEN MIO

(Manrico)
da Giuseppe Verdi *"Il Trovatore"*, (Cammarano, Bardare) Atto III

Ah sì, ben mio; col l'es - se - re io tuo, tu mia con - sor - te, a - vrò più l'al - ma in - tre - pi - da, il brac - cio a - vrò più for - te. Ma

pur, se nel - la pa - gi - na de' miei de - sti - ni è

scrit - to, ch'io re - - - - sti fra le vit - ti - me, dal

fer - - - - - ro o - stil tra - fit - - - to, ch'io re - sti fra le

vit - - - ti - me, dal fer - ro o - stil tra - fit - - - to, fra

15

LA DONNA È MOBILE

(DUCA DI MANTOVA)
da Giuseppe Verdi *"Rigoletto"*, (Piave) Atto III

È sem - pre mi - se - ro chi_a lei s'af - fi - da, chi le con -
fi - da mal cau - to_il co - re! Pur mai non sen - te sì fe - li - ce_ap -
pie - no chi su quel se - no non li - ba_a - mo - re! La don - na_è

DI' TU SE FEDELE

(RICCARDO [GUSTAVO III])
da Giuseppe Verdi *"Un ballo in maschera"*, (Somma) Atto I

22

MA SE M'È FORZA PERDERTI

(RICCARDO)

da Giuseppe Verdi *"Un ballo in maschera"*, (Somma) Atto III

ELLA MI FU RAPITA!

(DUCA DI MANTOVA)
da Giuseppe Verdi *"Rigoletto"*, (Piave) Atto II

Agitato assai (♩ = 100)

32

33

l'a - ni - ma_____ far - ti quag - giù be - a - ta, ei che le sfe - re a -

gl'an - ge - li, ei che le sfe - re a - gl'an - ge - li per te non in - vi - diò, ei che le

Fl., Ob., Cl., Cr

sfe - re, le sfe - re a - gl'an - ge - li per te, per te_____ le sfe - re a -

gl'an - ge - li_ per te_ non in - vi - diò, non in - vi - diò, per_ te._____

SE QUEL GUERRIER IO FOSSI!…CELESTE AIDA

(RADAMÈS)
da Giuseppe Verdi *"Aida"*, (Ghislanzoni) Atto I

Recitativo

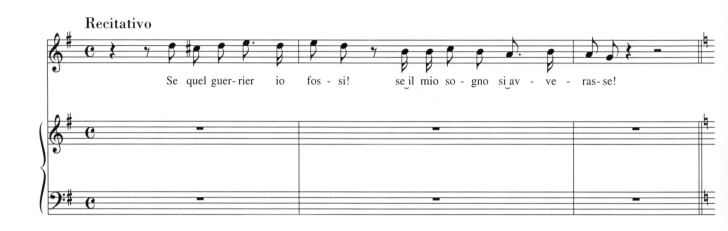

Se quel guer - rier io fos - si! se il mio so - gno si av - ve - ras - se!

Allegro vivo (♩ = 126)

con entusiasmo

Un e - ser - ci - to di

pro - di da me gui - da - to

e la vit - to - ria   e il plau - so di Men - fi

tut - ta!   E a te, mia dol - ce A -

i - da, tor - nar di lau - ri cin - to   dir - ti: per te ho pu - gna - to, per te ho

vin - to!

38

39

tu sei re - gi - na, tu di mia vi-ta sei lo splen -

dor.

parlante **ppp**

ancora **p**

Il tuo bel cie - lo vorrei ri - dar - ti, le dol ci brez - ze del patrio suol; un re - gal

animando **f** **pianissimo** **ppp** *dim.*

ser - to sul crin po - sar - ti, er - ger-ti un tro-no vi-ci-no al sol, un tro - no vi - ci no al

pp *morendo*

sol, un tro - no vi - ci no al sol.

POSSENTE AMOR MI CHIAMA

(DUCA DI MANTOVA)
da Giuseppe Verdi *"Rigoletto"*, (Piave) Atto II

Pos - sen - te a_a - mor mi chia - - ma, vo - lar io deg - gio a

le - i; il ser - to mio da - rei_____ per con - so - lar quel

44

le - i, il ser - to mio da - rei_____ per con - so - lar quel

cor, il ser - to mio da - rei_____ per con - so - lar quel

con forza   ten.

cor. Ah! sap - pia al - fin chi l'a - - ma, co - no - sco al - fin chi

so - - no, ap - pren - da ch'an - co in tro - - no ha de - gli schia - vi A-

con forza   ten.

LUNGE DA LEI...DE' MIEI BOLLENTI SPIRITI

(ALFREDO)

da Giuseppe Verdi *"La traviata"*, (Piave) Atto II

52

53

OH MIO RIMORSO!

(ALFREDO)
da Giuseppe Verdi *"La traviata"* (Piave) Atto II

O mio ri - mor - so! oh in - fa - mia! io

vis - si in ta - le er - ro - - - re! ma il tur - - pe son - no a

fran - ge - re il ver mi ba - le - nò! Per

58

O mio ri - mor - so! oh in - fa - mia! io vis - si in ta - le er - ro - - - re! ma il tur - pe son - no a fran - ge - re il ver mi ba - le - nò! Per po - co in se - no ac - que - ta - ti, o

p Archi

Fiati sostenuti

60

mia!   ah sì,   que - st'on - ta, sì, que - st'on - ta la - ve -

rò,   que - st'on - - ta, que-st'on-ta la-ve - rò,   ah,

l'on - - ta,   l'on - ta la - ve - rò,   sì, la - - ve -

rò,   ah,   l'on - - ta,   l'on - ta la - ve -

62

rò, sì, la - - ve - rò, la - - ve - rò, la - ve -

rò, la - - - - - - - - ve - rò!

LA MIA LETIZIA INFONDERE VORREI

(ORONTE)

da Giuseppe Verdi *"I lombardi alla prima crociata"*, (Solera) Atto II

64

Mercé, diletti amici...
Come rugiada al cespite...Dell'esilio nel dolore

(Ernani)

da Giuseppe Verdi *"Ernani"*, (Piave) Atto I

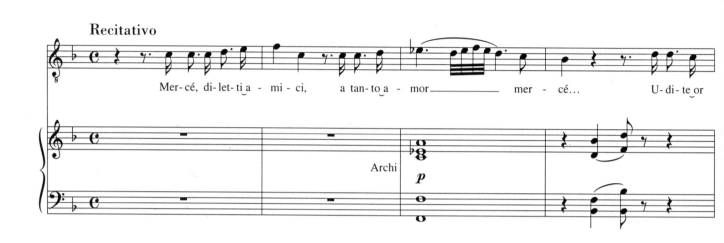

Recitativo

Mer-cé, di-let-ti a - mi - ci, a tan-to a - mor——— mer - cé... U-di-te or

tut - ti del mio cor gli af - fan-ni, e se voi ne-ghe - re - te il vo-stro a-

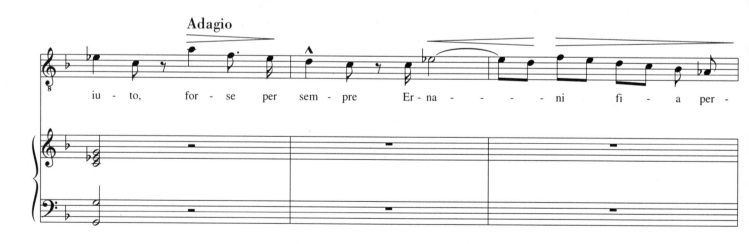

Adagio

iu - to, for - se per sem - pre Er - na - - - ni fi - a per-

70

72

Tempo I

(O tu, che l'al - ma a - do - ra, vien,   vien, la mia vi - ta in -

stentate

dolce

fio - ra;   per noi d'o-gni al - tro be - ne   il lo-co a-mor ter-rà, a - mor ter -

stentate   *allarg.*

brillante   *dolce*

rà.   Pur - ché sul tuo bel vi - so   veg - ga bril-la - re il

con forza   *allarg. con grazia*

ri - so,   li sten-ti suoi,   le pe - ne   Er - na - ni scor-de -

col canto

Io l'ho perduta…Io la vidi e il suo sorriso

(Don Carlo)

da Giuseppe Verdi *"Don Carlo"*, (Méry, Du Locle) Atto I

Allegro agitato (♩ = 132)

molto agitato

Io l'ho per - du - ta!   Oh! po - ten - za su -

Meno mosso (♩ = 96)

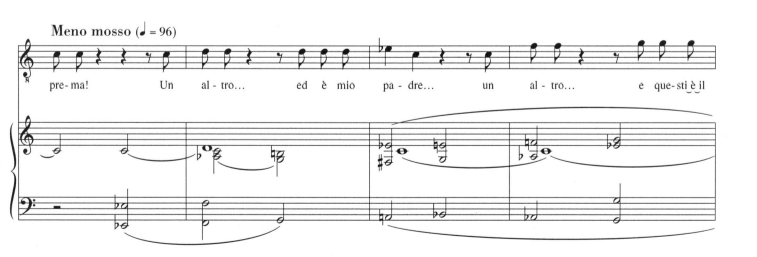

pre - ma!   Un   al - tro…   ed è mio   pa - dre…   un   al - tro…   e que - sti è il

re, lei che a-do - ro m'ha ra-pi - ta! la spo - - - sa a me pro -

mes - - - sa!...

Ah! quan - to pu - ro e bel - lo fu il

dì, il dì sen - za di -

p espress.

ppp

ppp leggerissime

Andante (♩ = 66)

p cantabile

Io la vi - di_e il suo sor - ri - so nuo - vo_un ciel a - pri - va a

me! Ah! per sem - pre_or m'ha di - vi - so da quel

dolcissimo

co - re un pa - dre, un re!

espress.

espress.

Non pro - met - te_un dì____ fe - li - ce di mia

LA VITA È INFERNO ALL'INFELICE

(DON ALVARO)

da Giuseppe Verdi *"La forza del destino"*, (Piave) Atto III

La vi - ta è in - fer - no al-l'in - fe - li - ce... In - va - no mor - te de - si - o!...

Allegro
Recitativo

Andante come prima

Si - vi - glia!...

Leo - no - ra!... Oh, ri - mem - bran - za!... Oh,

dolce

not - te ch'o - gni ben mi ra - pi - - - - sti!...

allarg.

Recitativo

p

Sa - rò in - fe - li - ce_e - ter - - na - men - te... è scrit - to.

Allegro moderato (♩ = 96)

con semplicità

Del - la na - tal sua ter - ra_il pa - dre vol - le spe - zar l'e - stra - nio

p

pp

gio - go, e col l'u - nir - si_al - l'ul - ti - ma de - gl'In - cas la co - ro - na cin - ge - re con - fi -

(♮)

dò.   Fu va-na im - pre - sa!...   In un car-ce - re nac-qui;   m'e-du-ca-va il de -

ser - to;   sol vi - - - vo perché i - gno-ta è mia re-ga-le stir-pe!...   I miei pa -

con forza

ren - ti so-gna-ro-no un tro - no   e li de-stò la scu - re!...   Oh,

quan - do fi-ne a-vran___ le mie sven-tu - - - - re!

stin,— che sen-za no- me ed e- sul, in o-dio del de - sti - no, chiedo a-ne-lan - do, ahi,

mi - se-ro, chie-do a-ne- lan-do, ahi, mi - se - ro, la mor-te d'in-con - trar. Leo-no - ra

col canto

Cantabile

pp

dolce

mia, soc-cor - - ri - mi. Leo-no - ra

dolce

mi - a, soc-cor - - ri - mi, pie-tà, pie - -

dolce

OH! FEDE NEGAR POTESSI...
QUANDO LE SERE AL PLACIDO

(RODOLFO)
da Giusepe Verdi *"Luisa Miller"*, (Cammarano) Atto II

Oh! fe - de ne - gar po-

tes - si a - gl'oc - chi miei!...

Se cie - lo e ter - ra, se mor - ta - li ed an - ge - li at - te - star - mi vo-

gio - ia, le la - gri - me, l'af - fan - no?... Tut - to è men - zo - gna,

tra - di - men - to, in - gan - -

no!

Andante (♩ = 44)

p appassionatissimo

Quan - do le se - re al pla - ci - do

chia - ror d'un ciel stel - la - to me - co fig-gea nel-

l'e - te-re lo sguar - do in - na - mo - ra - to,

col canto

e que - sta ma - no strin - ger-mi dal - la sua man sen -

ti - - a... e questa ma - no strin - ger-mi dal-la sua man sen -

INGRAF s.r.l. - Via Monte S. Genesio 7 - Milano
Stampato in Italia - Printed in Italy - Imprimé en Italie 2000